SELF
BOOK

일빵빵 가장 많이 쓰는
여행영어
만능 비법 노트

서장혁 지음

KB122548

**토마토
출판사**

일빵빵의 모든 강의는

일빵빵 공식
유튜브 채널을
통해 무료로
들을 수 있습니다.

'가장 많이 쓰는' 시리즈는 「입에 달고 사는 기초영어」를 모두 학습하신 후
공부하시면 더욱 큰 효과를 보실 수 있습니다.

일빵빵 공식 페이스북 | www.facebook.com/ilbangbang
일빵빵 공식 트위터 | www.twitter.com/ilbangbang
일빵빵 공식 인스타그램 | '일빵빵' 검색
일빵빵 공식 유튜브채널 | '일빵빵' 검색

일빵빵 + 가장 많이 쓰는 여행영어

만능 비법 노트

일빵빵
가장 많이 쓰는 여행영어
만능 비법 노트

2019년 09월 02일 초판 1쇄 발행
2023년 10월 26일 초판 3쇄 발행

지 은 이 | 서장혁
펴 낸 이 | 서장혁
기획편집 | 이경은
디 자 인 | 조은영
마 케 팅 | 윤정아, 최은성

펴 낸 곳 | 일빵빵 어학 연구소
주   소 | 서울특별시 마포구 양화로 161 케이스퀘어 727호
T E L | 1544-5383
홈페이지 | www.tomato4u.com
E-mail | support@tomato4u.com
등   록 | 2012. 1. 11.

만능 비법 노트 사용법

※ 본 도서는 '일빵빵 가장 많이 쓰는 여행영어'(이하 '메인도서')의 연습

노트입니다. 메인도서로 공부를 마친 후, 본 도서를 사용하시길 바

랍니다.

---

1. 한글을 보면서, 영어 문장을 말해본다.

2. 말한 문장을 한글 아래의 공백에 작성해본다.

3. QR코드를 찍고, 원어민 발음을 들으며 내가 쓴 문장이 맞는지

   확인한다. (그래도 모르겠다면 '메인도서'를 펼쳐보자!)

4. 3번 반복하며 익숙해질 때까지 따라 한다.

5. 필요시 오른쪽 면을 이용해 1~4번 과정을 반복한다.

목차

1 항공권 예약하기
(전화 예약)

1) 항공권 유무 확인

네, 뉴욕행 항공권 구하려고 전화했어요.

✏

🎤   1st ☐   2nd ☐   3rd ☐

네, 시카고행 항공권 있나요?

✏

🎤   1st ☐   2nd ☐   3rd ☐

네, 런던행 직항 항공권이 있나요?

✏

🎤   1st ☐   2nd ☐   3rd ☐

네, 뉴욕행 항공권 예약하고 싶어서요.

✏

🎤   1st ☐   2nd ☐   3rd ☐

네, 시애틀행 항공권 예약하고 싶어서요.

✏

🎤   1st ☐   2nd ☐   3rd ☐

2) 출발 일정 확인

5월 5일에 떠나려고요.

✎ _____

🎤   1st ☐   2nd ☐   3rd ☐

이번 주 금요일에 출발하고 싶어요.

✎ _____

🎤   1st ☐   2nd ☐   3rd ☐

이번 주말 뉴욕행 좌석을 구하고 싶어요.

✎ _____

🎤   1st ☐   2nd ☐   3rd ☐

혹시 내일 뉴욕행 비행기 있나요?

✎ _____

🎤   1st ☐   2nd ☐   3rd ☐

도쿄행 다음 비행기는 몇 시에 있나요?

✎ _____

🎤   1st ☐   2nd ☐   3rd ☐

3) 종류/일정 문의

편도로 해주세요.

✏️
_____

🎤   1st ☐   2nd ☐   3rd ☐

왕복표로 주시겠어요?

✏️
_____

🎤   1st ☐   2nd ☐   3rd ☐

오픈 티켓으로 할 수 있나요?

✏️
_____

🎤   1st ☐   2nd ☐   3rd ☐

9월 2일에 돌아오고 싶어요.

✏️
_____

🎤   1st ☐   2nd ☐   3rd ☐

돌아오는 날짜는 10월 12일로 해주세요.

✏️
_____

🎤   1st ☐   2nd ☐   3rd ☐

4) 등급 문의

일등석으로 해주세요.

🖊
_____

🎤　　　1st ☐　　　2nd ☐　　　3rd ☐

비즈니스석으로 해주세요.

🖊
_____

🎤　　　1st ☐　　　2nd ☐　　　3rd ☐

이코노미석으로 해주세요.

🖊
_____

🎤　　　1st ☐　　　2nd ☐　　　3rd ☐

갈 때는 비즈니스석으로 해주시고 올 때는 이코노미석으로 해주세요.

🖊
_____

🎤　　　1st ☐　　　2nd ☐　　　3rd ☐

비즈니스석으로 좌석 승급도 가능한가요?

🖊
_____

🎤　　　1st ☐　　　2nd ☐　　　3rd ☐

5) 마일리지 문의

제 마일리지가 얼마나 있나요?

✏️
_____

🎤　　　1st ☐　　　2nd ☐　　　3rd ☐

그 항공권은 제 마일리지로 살게요.

✏️
_____

🎤　　　1st ☐　　　2nd ☐　　　3rd ☐

일반석은 마일리지 얼마가 있어야 하나요?

✏️
_____

🎤　　　1st ☐　　　2nd ☐　　　3rd ☐

비즈니스석으로 승급하려면 마일리지 얼마가 있어야 하나요?

✏️
_____

🎤　　　1st ☐　　　2nd ☐　　　3rd ☐

가족 마일리지 합산되나요?

✏️
_____

🎤　　　1st ☐　　　2nd ☐　　　3rd ☐

6) 경로 문의

보스톤행 직항 항공편이 있나요?

✎ _____

🎤　　　1st ☐　　　2nd ☐　　　3rd ☐

직항 항공편이 있습니까?

✎ _____

🎤　　　1st ☐　　　2nd ☐　　　3rd ☐

시카고에서 경유하길 원해요.

✎ _____

🎤　　　1st ☐　　　2nd ☐　　　3rd ☐

홍콩에서의 경유 시간은 얼마나 되나요?

✎ _____

🎤　　　1st ☐　　　2nd ☐　　　3rd ☐

저는 파리 가는 길에 베이징에서 경유하려고요.

✎ _____

🎤　　　1st ☐　　　2nd ☐　　　3rd ☐

7) 가격 문의

나중에 계산해도 되나요?

✎
🎤　　　1st ☐　　　2nd ☐　　　3rd ☐

예약만 걸어놓을 수 있나요?

✎
🎤　　　1st ☐　　　2nd ☐　　　3rd ☐

성수기에 비즈니스 요금은 얼마인가요?

✎
🎤　　　1st ☐　　　2nd ☐　　　3rd ☐

비수기에 일등석은 얼마인가요?

✎
🎤　　　1st ☐　　　2nd ☐　　　3rd ☐

나중에 좌석 승급을 하려면 얼마인가요?

✎
🎤　　　1st ☐　　　2nd ☐　　　3rd ☐

8) 좌석 배정

창가 좌석으로 주시겠어요?

✎

🎤　　　1st ☐　　　2nd ☐　　　3rd ☐

통로 좌석으로 주시겠어요?

✎

🎤　　　1st ☐　　　2nd ☐　　　3rd ☐

비상구 옆에 자리가 있나요?

✎

🎤　　　1st ☐　　　2nd ☐　　　3rd ☐

가족끼리 같이 붙여주세요.

✎

🎤　　　1st ☐　　　2nd ☐　　　3rd ☐

앞쪽에 앉고 싶어요.

✎

🎤　　　1st ☐　　　2nd ☐　　　3rd ☐

9) 확정/변경

제 항공권 확정하고 싶어서요.

✏️

🎤   1st ☐   2nd ☐   3rd ☐

제가 예약한 걸 확인해주실 수 있나요?

✏️

🎤   1st ☐   2nd ☐   3rd ☐

제 항공권 날짜 변경 가능한가요?

✏️

🎤   1st ☐   2nd ☐   3rd ☐

제 항공권 날짜를 변경하고 싶어요.

✏️

🎤   1st ☐   2nd ☐   3rd ☐

제 항공권을 내일 오후 편으로 변경하고 싶어요.

✏️

🎤   1st ☐   2nd ☐   3rd ☐

10) 취소

제 항공권을 취소하고 싶어요.

✏️
_____

🎤　　　　1st ☐　　　　2nd ☐　　　　3rd ☐

항공 예약을 취소할 수 있나요?

✏️
_____

🎤　　　　1st ☐　　　　2nd ☐　　　　3rd ☐

항공 일정 취소하려고 전화했어요.

✏️
_____

🎤　　　　1st ☐　　　　2nd ☐　　　　3rd ☐

취소하면 수수료를 내야 하나요?

✏️
_____

🎤　　　　1st ☐　　　　2nd ☐　　　　3rd ☐

취소 수수료는 얼마인가요?

✏️
_____

🎤　　　　1st ☐　　　　2nd ☐　　　　3rd ☐

2
숙소 예약하기
(호텔 예약)

11) 예약 문의

이번 주말에 방 있나요?

✏️

🎤   1st ☐   2nd ☐   3rd ☐

1월 19일에 방 예약하고 싶은데요.

✏️

🎤   1st ☐   2nd ☐   3rd ☐

수요일부터 금요일까지 방 잡을 수 있나요?

✏️

🎤   1st ☐   2nd ☐   3rd ☐

성인 2명 묵을 수 있는 방 있나요?

✏️

🎤   1st ☐   2nd ☐   3rd ☐

성인 2명과 아이 1명 묵을 수 있는 빈방 있나요?

✏️

🎤   1st ☐   2nd ☐   3rd ☐

12) 방 종류 문의

싱글룸으로 부탁드려요.

✏️
_____

🎤　　1st ☐　　2nd ☐　　3rd ☐

더블룸으로 부탁드려요.

✏️
_____

🎤　　1st ☐　　2nd ☐　　3rd ☐

트윈 베드룸 부탁합니다.

✏️
_____

🎤　　1st ☐　　2nd ☐　　3rd ☐

더블룸으로 주세요.

✏️
_____

🎤　　1st ☐　　2nd ☐　　3rd ☐

아이용 간이 침대를 놓을 수 있나요?

✏️
_____

🎤　　1st ☐　　2nd ☐　　3rd ☐

13) 방 요구 사항

전망 좋은 방으로 부탁해요.

✏️
_____

🎤　　　　1st ☐　　　　2nd ☐　　　　3rd ☐

시내 경관이 보이나요?

✏️
_____

🎤　　　　1st ☐　　　　2nd ☐　　　　3rd ☐

금연실로 하고 싶어요.

✏️
_____

🎤　　　　1st ☐　　　　2nd ☐　　　　3rd ☐

고층 룸으로 부탁해요.

✏️
_____

🎤　　　　1st ☐　　　　2nd ☐　　　　3rd ☐

붙어 있는 방으로 해주세요.

✏️
_____

🎤　　　　1st ☐　　　　2nd ☐　　　　3rd ☐

14) 가격 문의

세금 포함된 가격인가요?

✎ _____

🎤　　　1st ☐　　　2nd ☐　　　3rd ☐

1박에 얼마인가요?

✎ _____

🎤　　　1st ☐　　　2nd ☐　　　3rd ☐

현장에서 결제해도 되나요?

✎ _____

🎤　　　1st ☐　　　2nd ☐　　　3rd ☐

취소하면 수수료가 나오나요?

✎ _____

🎤　　　1st ☐　　　2nd ☐　　　3rd ☐

보증금을 내야 하나요?

✎ _____

🎤　　　1st ☐　　　2nd ☐　　　3rd ☐

15) 기타 문의

체크인은 몇 시 인가요?

✏️
_____
🎤   1st ☐   2nd ☐   3rd ☐

좀 더 일찍 체크인할 수 있나요?

✏️
_____
🎤   1st ☐   2nd ☐   3rd ☐

체크아웃 시간보다 좀 늦게 나갈 수 있나요?

✏️
_____
🎤   1st ☐   2nd ☐   3rd ☐

공항 셔틀버스가 있나요?

✏️
_____
🎤   1st ☐   2nd ☐   3rd ☐

조식 포함인가요?

✏️
_____
🎤   1st ☐   2nd ☐   3rd ☐

16) 공항 안내

근처에 안내소가 어디 있나요?

🖊

🎤　　　1st ☐　　　2nd ☐　　　3rd ☐

대한항공의 체크인 카운터는 어디인가요?

🖊

🎤　　　1st ☐　　　2nd ☐　　　3rd ☐

대한항공 항공권은 어디에서 발권하죠?

🖊

🎤　　　1st ☐　　　2nd ☐　　　3rd ☐

세금 환급은 어디에서 받을 수 있나요?

🖊

🎤　　　1st ☐　　　2nd ☐　　　3rd ☐

국제선 항공편 출국장이 어디죠?

🖊

🎤　　　1st ☐　　　2nd ☐　　　3rd ☐

17) 세금 환급

이곳이 세금 환급 받는 곳인가요?

✏️

🎤   1st ☐   2nd ☐   3rd ☐

이 줄과 저 줄의 차이가 뭔가요?

✏️

🎤   1st ☐   2nd ☐   3rd ☐

탑승권도 있어야 하나요?

✏️

🎤   1st ☐   2nd ☐   3rd ☐

현금으로 환급 받고 싶어요.

✏️

🎤   1st ☐   2nd ☐   3rd ☐

달러로 환급 받고 싶어요.

✏️

🎤   1st ☐   2nd ☐   3rd ☐

18) 부대시설 위치

푸드 코트는 어디인가요?

✏️
_____

🎤   1st ☐   2nd ☐   3rd ☐

기념품 매장은 어디인가요?

✏️
_____

🎤   1st ☐   2nd ☐   3rd ☐

ATM은 어디에 있나요?

✏️
_____

🎤   1st ☐   2nd ☐   3rd ☐

약국은 어디인가요?

✏️
_____

🎤   1st ☐   2nd ☐   3rd ☐

혹시 전화기를 충전할 수 있는 곳이 어디에 있을까요?

✏️
_____

🎤   1st ☐   2nd ☐   3rd ☐

19) 체크인

언제부터 체크인 시작인가요?

✏️ _____

🎤　　　1st ☐　　　2nd ☐　　　3rd ☐

빠른 체크인 줄은 어디인가요?

✏️ _____

🎤　　　1st ☐　　　2nd ☐　　　3rd ☐

제 여권이요.

✏️ _____

🎤　　　1st ☐　　　2nd ☐　　　3rd ☐

전자항공권을 안 가지고 왔어요.

✏️ _____

🎤　　　1st ☐　　　2nd ☐　　　3rd ☐

온라인으로 항공권 예약했어요.

✏️ _____

🎤　　　1st ☐　　　2nd ☐　　　3rd ☐

20) 수하물 등록 − 1

우선 무게를 재봐야 해요.

✏️
_____

🎤　　　　1st ☐　　　2nd ☐　　　3rd ☐

가방 하나만 부칠게요.

✏️
_____

🎤　　　　1st ☐　　　2nd ☐　　　3rd ☐

수하물 하나 더 추가하고 싶어요.

✏️
_____

🎤　　　　1st ☐　　　2nd ☐　　　3rd ☐

이 짐이 허용 무게를 초과하나요?

✏️
_____

🎤　　　　1st ☐　　　2nd ☐　　　3rd ☐

부칠 수하물 1개와 휴대할 가방 1개 있어요.

✏️
_____

🎤　　　　1st ☐　　　2nd ☐　　　3rd ☐

21) 수하물 등록 – 2

이건 기내에 가지고 타고 싶어요.

🖊️
_____
🎤   1st ☐   2nd ☐   3rd ☐

이건 제가 기내에 들고 탈게요.

🖊️
_____
🎤   1st ☐   2nd ☐   3rd ☐

수하물에서 물건 좀 뺄게요.

🖊️
_____
🎤   1st ☐   2nd ☐   3rd ☐

모스크바에서 경유하는데요. 거기서 짐을 따로 찾아야 하나요?

🖊️
_____
🎤   1st ☐   2nd ☐   3rd ☐

추가 요금이 얼마인가요?

🖊️
_____
🎤   1st ☐   2nd ☐   3rd ☐

22) 출국장 정보

패스트 트랙이 따로 있나요?

✏️

🎤   1st ☐   2nd ☐   3rd ☐

공항 내 라운지는 어디로 가야 하나요?

✏️

🎤   1st ☐   2nd ☐   3rd ☐

이 비행기를 타려면 몇 번 탑승구로 가야 하나요?

✏️

🎤   1st ☐   2nd ☐   3rd ☐

몇 시까지 게이트로 가야 하나요?

✏️

🎤   1st ☐   2nd ☐   3rd ☐

비행기까지 셔틀버스를 타고 가야 하나요?

✏️

🎤   1st ☐   2nd ☐   3rd ☐

23) 보안 검색

제 여권과 티켓이에요.

✏️
_____

🎤　　　　1st ☐　　　2nd ☐　　　3rd ☐

주머니에 아무것도 없습니다.

✏️
_____

🎤　　　　1st ☐　　　2nd ☐　　　3rd ☐

제 가방에 노트북 없는데요.

✏️
_____

🎤　　　　1st ☐　　　2nd ☐　　　3rd ☐

이거 가지고 탈 수 있나요?

✏️
_____

🎤　　　　1st ☐　　　2nd ☐　　　3rd ☐

소지품 다 꺼내야 해요?

✏️
_____

🎤　　　　1st ☐　　　2nd ☐　　　3rd ☐

24) 탑승구

이 줄이 우선 탑승 줄인가요?

✏️

🎤　　　1st ☐　　　2nd ☐　　　3rd ☐

먼저 가도 될까요?

✏️

🎤　　　1st ☐　　　2nd ☐　　　3rd ☐

제 자리 좀 잠시만 맡아주시겠어요?

✏️

🎤　　　1st ☐　　　2nd ☐　　　3rd ☐

언제 탑승이 시작되나요?

✏️

🎤　　　1st ☐　　　2nd ☐　　　3rd ☐

연착된 이유가 뭔가요?

✏️

🎤　　　1st ☐　　　2nd ☐　　　3rd ☐

4

기내 탑승하기
(기내)

25) 좌석 착석

제가 먼저 들어가도 될까요?

✏️

🎤　　　1st ☐　　　2nd ☐　　　3rd ☐

제 자리인 것 같은데요.

✏️

🎤　　　1st ☐　　　2nd ☐　　　3rd ☐

자리 좀 바꿀 수 있나요?

✏️

🎤　　　1st ☐　　　2nd ☐　　　3rd ☐

혹시 짐을 놓을 공간이 있나요?

✏️

🎤　　　1st ☐　　　2nd ☐　　　3rd ☐

좌석 좀 똑바로 세워주시겠어요?

✏️

🎤　　　1st ☐　　　2nd ☐　　　3rd ☐

26) 서비스 문의

기내식이 몇 시에 제공되나요?

✎

🎤 1st ☐ 2nd ☐ 3rd ☐

좌석은 어떻게 뒤로 넘기나요?

✎

🎤 1st ☐ 2nd ☐ 3rd ☐

독서등을 켤 수 있을까요?

✎

🎤 1st ☐ 2nd ☐ 3rd ☐

면세품 판매는 언제인가요?

✎

🎤 1st ☐ 2nd ☐ 3rd ☐

저쪽 빈 좌석으로 옮길 수 있을까요?

✎

🎤 1st ☐ 2nd ☐ 3rd ☐

27) 메뉴 선택

어디 한번 볼게요.

✏

🎤　　　1st ☐　　　2nd ☐　　　3rd ☐

닭고기로 할게요.

✏

🎤　　　1st ☐　　　2nd ☐　　　3rd ☐

첫 번째 것으로 하는 게 낫겠어요.

✏

🎤　　　1st ☐　　　2nd ☐　　　3rd ☐

식사 시간에 깨우지 말아주세요.

✏

🎤　　　1st ☐　　　2nd ☐　　　3rd ☐

식사는 거르겠습니다.

✏

🎤　　　1st ☐　　　2nd ☐　　　3rd ☐

28) 식사

다 먹었어요.

✎
_____

🎤　　　1st ☐　　　2nd ☐　　　3rd ☐

식사 다 했어요.

✎
_____

🎤　　　1st ☐　　　2nd ☐　　　3rd ☐

가져가셔도 돼요.

✎
_____

🎤　　　1st ☐　　　2nd ☐　　　3rd ☐

이따 먹을 수 있을까요?

✎
_____

🎤　　　1st ☐　　　2nd ☐　　　3rd ☐

커피 마실 수 있을까요?

✎
_____

🎤　　　1st ☐　　　2nd ☐　　　3rd ☐

29) 필요한 것 요구

담요와 베개 하나씩만 더 주시겠어요?

✎ _____

🎙   1st ☐   2nd ☐   3rd ☐

헤드폰 좀 주실래요?

✎ _____

🎙   1st ☐   2nd ☐   3rd ☐

귀마개 좀 주실래요?

✎ _____

🎙   1st ☐   2nd ☐   3rd ☐

휴대폰을 충전하고 싶어요.

✎ _____

🎙   1st ☐   2nd ☐   3rd ☐

음료 한 잔 더 부탁합니다.

✎ _____

🎙   1st ☐   2nd ☐   3rd ☐

30) 운항 시 문의

착륙 시간은 언제인가요?

🖊

🎤　　　1st ☐　　　2nd ☐　　　3rd ☐

비행 시간이 얼마나 남았나요?

🖊

🎤　　　1st ☐　　　2nd ☐　　　3rd ☐

펜 좀 빌릴 수 있을까요?

🖊

🎤　　　1st ☐　　　2nd ☐　　　3rd ☐

출입국 카드를 작성해야 하나요?

🖊

🎤　　　1st ☐　　　2nd ☐　　　3rd ☐

이 신고서 작성하는 것 좀 도와주실래요?

🖊

🎤　　　1st ☐　　　2nd ☐　　　3rd ☐

31) 환승

환승 수속 카운터는 어디 있나요?

🖊
🎤   1st ☐   2nd ☐   3rd ☐

저는 환승객이에요.

🖊
🎤   1st ☐   2nd ☐   3rd ☐

어디에서 런던행 비행기로 환승하죠?

🖊
🎤   1st ☐   2nd ☐   3rd ☐

뉴욕행 다음 비행기는 언제인가요?

🖊
🎤   1st ☐   2nd ☐   3rd ☐

여기서 제 짐 찾아서 다시 부쳐야 하나요?

🖊
🎤   1st ☐   2nd ☐   3rd ☐

5

입국 수속하기
(공항 입국)

32) 입국 심사 대기

여기가 외국인 줄인가요?

✏️

🎤　　　1st ☐　　　2nd ☐　　　3rd ☐

입국 심사를 하려면 어디에 줄을 서야 하나요?

✏️

🎤　　　1st ☐　　　2nd ☐　　　3rd ☐

우리 일행이에요.

✏️

🎤　　　1st ☐　　　2nd ☐　　　3rd ☐

가족이 함께 심사 받을 수 있나요?

✏️

🎤　　　1st ☐　　　2nd ☐　　　3rd ☐

비자가 필요한가요?

✏️

🎤　　　1st ☐　　　2nd ☐　　　3rd ☐

33) 입국 심사 - 1

여행 때문에 왔어요.

✏

🎤   1st ☐   2nd ☐   3rd ☐

경유차 왔어요.

✏

🎤   1st ☐   2nd ☐   3rd ☐

공부하러 왔어요.

✏

🎤   1st ☐   2nd ☐   3rd ☐

가족 방문차 왔어요.

✏

🎤   1st ☐   2nd ☐   3rd ☐

출장차 왔어요.

✏

🎤   1st ☐   2nd ☐   3rd ☐

34) 입국 심사 - 2

저는 대학생이에요.

✎ _____

🎤　　　1st ☐　　　2nd ☐　　　3rd ☐

저는 회사원이에요.

✎ _____

🎤　　　1st ☐　　　2nd ☐　　　3rd ☐

저는 공무원이에요.

✎ _____

🎤　　　1st ☐　　　2nd ☐　　　3rd ☐

의류 업체를 운영해요.

✎ _____

🎤　　　1st ☐　　　2nd ☐　　　3rd ☐

저는 두 아들을 둔 가정주부예요.

✎ _____

🎤　　　1st ☐　　　2nd ☐　　　3rd ☐

35) 입국 심사 – 3

해외여행은 처음이에요.

✏️ _____

🎤   1st ☐   2nd ☐   3rd ☐

저는 이곳이 처음이에요.

✏️ _____

🎤   1st ☐   2nd ☐   3rd ☐

여러 번 미국에 다녀왔어요.

✏️ _____

🎤   1st ☐   2nd ☐   3rd ☐

두 번째 방문이에요.

✏️ _____

🎤   1st ☐   2nd ☐   3rd ☐

여기서 3년째 공부하고 있어요.

✏️ _____

🎤   1st ☐   2nd ☐   3rd ☐

36) 입국 심사 - 4

2주 정도요.

✏️
_____

🎤 　　　1st ☐ 　　　2nd ☐ 　　　3rd ☐

이틀 동안 머무를 거예요.

✏️
_____

🎤 　　　1st ☐ 　　　2nd ☐ 　　　3rd ☐

한 달 동안 여기 있을 거예요.

✏️
_____

🎤 　　　1st ☐ 　　　2nd ☐ 　　　3rd ☐

여기에 2주간 머무를 예정이에요.

✏️
_____

🎤 　　　1st ☐ 　　　2nd ☐ 　　　3rd ☐

이번 주 금요일에 귀국할 거예요.

✏️
_____

🎤 　　　1st ☐ 　　　2nd ☐ 　　　3rd ☐

37) 입국 심사 - 5

저는 메리어트 호텔에 머물 거예요.

✏️
_____

🎤　　　1st ☐　　　2nd ☐　　　3rd ☐

저는 누나집에 있을 거예요.

✏️
_____

🎤　　　1st ☐　　　2nd ☐　　　3rd ☐

저는 친척 집에 머물 거예요.

✏️
_____

🎤　　　1st ☐　　　2nd ☐　　　3rd ☐

친구 집에 있을 거예요.

✏️
_____

🎤　　　1st ☐　　　2nd ☐　　　3rd ☐

게스트 하우스에 머물 거예요.

✏️
_____

🎤　　　1st ☐　　　2nd ☐　　　3rd ☐

38) 수하물 찾기

수하물은 어디서 찾나요?

🖋
_____

🎤　　1st ☐　　2nd ☐　　3rd ☐

수하물 찾는 곳이 어디인가요?

🖋
_____

🎤　　1st ☐　　2nd ☐　　3rd ☐

카트는 어디에서 받을 수 있나요?

🖋
_____

🎤　　1st ☐　　2nd ☐　　3rd ☐

나오고 있는 것 같아요.

🖋
_____

🎤　　1st ☐　　2nd ☐　　3rd ☐

이 가방 드는 것 좀 도와주실래요?

🖋
_____

🎤　　1st ☐　　2nd ☐　　3rd ☐

39) 수하물 클레임

제 짐을 잃어버린 거 같아요.

✏️
_____

🎤　　　　1st ☐　　　　2nd ☐　　　　3rd ☐

제 짐 못 찾겠어요.

✏️
_____

🎤　　　　1st ☐　　　　2nd ☐　　　　3rd ☐

분실물 센터는 어디에 있나요?

✏️
_____

🎤　　　　1st ☐　　　　2nd ☐　　　　3rd ☐

짐이 손상된 것 같은데요.

✏️
_____

🎤　　　　1st ☐　　　　2nd ☐　　　　3rd ☐

여기 제 수하물 표예요.

✏️
_____

🎤　　　　1st ☐　　　　2nd ☐　　　　3rd ☐

40) 세관 신고

신고할 것이 있어요.

✏️

🎤   1st ☐   2nd ☐   3rd ☐

신고할 것이 없어요.

✏️

🎤   1st ☐   2nd ☐   3rd ☐

제 시계 신고하려고요.

✏️

🎤   1st ☐   2nd ☐   3rd ☐

담배 3보루 신고하려고요.

✏️

🎤   1st ☐   2nd ☐   3rd ☐

원래 제 건데요.

✏️

🎤   1st ☐   2nd ☐   3rd ☐

41) 환전

환전소는 어디에 있나요?

✎ _____

🎤   1st ☐   2nd ☐   3rd ☐

환전할 수 있는 곳이 있나요?

✎ _____

🎤   1st ☐   2nd ☐   3rd ☐

오늘 환율이 어떻게 되나요?

✎ _____

🎤   1st ☐   2nd ☐   3rd ☐

이 100달러 지폐를 10달러 짜리로 바꿔야 해요.

✎ _____

🎤   1st ☐   2nd ☐   3rd ☐

달러를 유로로 환전하고 싶어요.

✎ _____

🎤   1st ☐   2nd ☐   3rd ☐

42) 유심/선불 폰

심 카드를 온라인으로 주문했어요.

🖋

🎤   1st ☐   2nd ☐   3rd ☐

심 카드 찾으러 왔어요.

🖋

🎤   1st ☐   2nd ☐   3rd ☐

2주 동안 사용할 심 카드 구입할 수 있을까요?

🖋

🎤   1st ☐   2nd ☐   3rd ☐

선불 폰 구입할 수 있나요?

🖋

🎤   1st ☐   2nd ☐   3rd ☐

포켓 와이파이 대여하고 싶어요.

🖋

🎤   1st ☐   2nd ☐   3rd ☐

43) 여행지 정보 문의

이 지역에 대한 정보 좀 주실 수 있나요?

✏️
_____

🎤   1st ☐   2nd ☐   3rd ☐

나가는 길은 어딘가요?

✏️
_____

🎤   1st ☐   2nd ☐   3rd ☐

시내로 어떻게 가나요?

✏️
_____

🎤   1st ☐   2nd ☐   3rd ☐

힐튼 호텔로 어떻게 가나요?

✏️
_____

🎤   1st ☐   2nd ☐   3rd ☐

버스 정류장으로 어떻게 가나요?

✏️
_____

🎤   1st ☐   2nd ☐   3rd ☐

6
교통수단 이용하기-1
(버스)

44) 정류장 위치

버스 정류장이 어디죠?

✏
_____

🎤　　　1st ☐　　　2nd ☐　　　3rd ☐

가장 가까운 버스 정류장은 어디에 있나요?

✏
_____

🎤　　　1st ☐　　　2nd ☐　　　3rd ☐

월스트리트행 버스는 어디서 탈 수 있나요?

✏
_____

🎤　　　1st ☐　　　2nd ☐　　　3rd ☐

시티 투어 버스는 어디서 탈 수 있나요?

✏
_____

🎤　　　1st ☐　　　2nd ☐　　　3rd ☐

반대쪽에서 타야 해요.

✏
_____

🎤　　　1st ☐　　　2nd ☐　　　3rd ☐

45) 노선 문의

시내로 가는 버스는 몇 번인가요?

✏️
_____

🎤　　　1st ☐　　　2nd ☐　　　3rd ☐

타임스스퀘어로 가는 버스는 몇 번인가요?

✏️
_____

🎤　　　1st ☐　　　2nd ☐　　　3rd ☐

소호로 가는 버스가 있나요?

✏️
_____

🎤　　　1st ☐　　　2nd ☐　　　3rd ☐

이 버스 순환 버스인가요?

✏️
_____

🎤　　　1st ☐　　　2nd ☐　　　3rd ☐

다른 버스로 갈아타야 하나요?

✏️
_____

🎤　　　1st ☐　　　2nd ☐　　　3rd ☐

46) 버스표 구입

버스표는 어디에서 구입하나요?

🖊 _____

🎤　　　1st ☐　　　2nd ☐　　　3rd ☐

센트럴파크까지 요금은 얼마인가요?

🖊 _____

🎤　　　1st ☐　　　2nd ☐　　　3rd ☐

다음 버스는 언제인가요?

🖊 _____

🎤　　　1st ☐　　　2nd ☐　　　3rd ☐

버스는 언제 오나요?

🖊 _____

🎤　　　1st ☐　　　2nd ☐　　　3rd ☐

얼마나 자주 오나요?

🖊 _____

🎤　　　1st ☐　　　2nd ☐　　　3rd ☐

47) 탑승 전 문의

뉴욕현대미술관으로 가려고요.

✏️

🎤   1st ☐   2nd ☐   3rd ☐

시내로 가는 버스인가요?

✏️

🎤   1st ☐   2nd ☐   3rd ☐

차이나타운으로 가는 버스가 맞나요?

✏️

🎤   1st ☐   2nd ☐   3rd ☐

펜실베니아 역에 가나요?

✏️

🎤   1st ☐   2nd ☐   3rd ☐

타임스스퀘어까지 가시나요?

✏️

🎤   1st ☐   2nd ☐   3rd ☐

48) 탑승 후 문의

첼시 마켓까지 몇 정거장 가야 하나요?

✏️
_____

🎤   1st ☐   2nd ☐   3rd ☐

거기 도착하면 알려주실래요?

✏️
_____

🎤   1st ☐   2nd ☐   3rd ☐

이번 역에서 내려야 해요.

✏️
_____

🎤   1st ☐   2nd ☐   3rd ☐

여기서 내려요.

✏️
_____

🎤   1st ☐   2nd ☐   3rd ☐

내릴 곳을 지나친 거 같아요.

✏️
_____

🎤   1st ☐   2nd ☐   3rd ☐

7

교통수단 이용하기-2
(택시)

49) 승강장 위치

택시 승강장이 어디있죠?

🖊

🎤 　　1st ☐　　　2nd ☐　　　3rd ☐

하얏트요.

🖊

🎤 　　1st ☐　　　2nd ☐　　　3rd ☐

이 주소로 데려다주실 수 있어요?

🖊

🎤 　　1st ☐　　　2nd ☐　　　3rd ☐

세계무역센터로 바로 가주세요.

🖊

🎤 　　1st ☐　　　2nd ☐　　　3rd ☐

택시 동승하시겠어요?

🖊

🎤 　　1st ☐　　　2nd ☐　　　3rd ☐

50) 탑승 후 요청

트렁크를 열어주시겠어요?

✏️
🎤   1st ☐   2nd ☐   3rd ☐

트렁크에 짐 좀 실어주세요.

✏️
🎤   1st ☐   2nd ☐   3rd ☐

창문을 열어주시겠어요?

✏️
🎤   1st ☐   2nd ☐   3rd ☐

에어컨을 켜주시겠어요?

✏️
🎤   1st ☐   2nd ☐   3rd ☐

라디오를 꺼주시겠어요?

✏️
🎤   1st ☐   2nd ☐   3rd ☐

51) 소요 시간 문의

오래 걸리나요?

✏️ _____

🎤   1st ☐   2nd ☐   3rd ☐

여기서 얼마나 걸려요?

✏️ _____

🎤   1st ☐   2nd ☐   3rd ☐

20분 안에 비행기를 타야 해요.

✏️ _____

🎤   1st ☐   2nd ☐   3rd ☐

조금 빨리 운전해주시겠어요?

✏️ _____

🎤   1st ☐   2nd ☐   3rd ☐

속도를 줄여주시겠어요?

✏️ _____

🎤   1st ☐   2nd ☐   3rd ☐

52) 길 안내

쭉 직진하세요.

✏️
_____

🎤   1st ☐   2nd ☐   3rd ☐

쭉 가주세요.

✏️
_____

🎤   1st ☐   2nd ☐   3rd ☐

코너에서 좌회전하세요.

✏️
_____

🎤   1st ☐   2nd ☐   3rd ☐

다음 신호등에서 우회전하세요.

✏️
_____

🎤   1st ☐   2nd ☐   3rd ☐

다 왔어요.

✏️
_____

🎤   1st ☐   2nd ☐   3rd ☐

53) 목적지 도착

여기 세워주세요.

✎

🎤　　　1st ☐　　　2nd ☐　　　3rd ☐

코너에서 내려주세요.

✎

🎤　　　1st ☐　　　2nd ☐　　　3rd ☐

여기서 내려주실래요?

✎

🎤　　　1st ☐　　　2nd ☐　　　3rd ☐

여기 세워주실래요?

✎

🎤　　　1st ☐　　　2nd ☐　　　3rd ☐

짐 좀 꺼내주시겠어요?

✎

🎤　　　1st ☐　　　2nd ☐　　　3rd ☐

54) 요금 계산

브루클린까지 요금이 얼마예요?

🖊
🎤　　1st ☐　　2nd ☐　　3rd ☐

기본 요금보다 더 나오나요?

🖊
🎤　　1st ☐　　2nd ☐　　3rd ☐

신용카드로 계산해도 되죠?

🖊
🎤　　1st ☐　　2nd ☐　　3rd ☐

여기 요금이요.

🖊
🎤　　1st ☐　　2nd ☐　　3rd ☐

거스름돈 안 주셔도 돼요.

🖊
🎤　　1st ☐　　2nd ☐　　3rd ☐

8

교통수단 이용하기-3
(지하철)

55) 역 위치/표 구입

지하철역은 어디에 있나요?

✎ _____

🎤　　　1st ☐　　　2nd ☐　　　3rd ☐

어디서 지하철 표를 구입하나요?

✎ _____

🎤　　　1st ☐　　　2nd ☐　　　3rd ☐

지하철 티켓 발매기는 어디있나요?

✎ _____

🎤　　　1st ☐　　　2nd ☐　　　3rd ☐

캐널스트리트로 가는 표 2장 주세요.

✎ _____

🎤　　　1st ☐　　　2nd ☐　　　3rd ☐

1일 이용권 살 수 있나요?

✎ _____

🎤　　　1st ☐　　　2nd ☐　　　3rd ☐

56) 노선 문의

중앙선은 어디서 탈 수 있나요?

✏️

🎤　　　1st ☐　　　2nd ☐　　　3rd ☐

유니온스퀘어로 가려면 몇 호선을 타야 하나요?

✏️

🎤　　　1st ☐　　　2nd ☐　　　3rd ☐

몇 호선이 풀턴스트리트로 가나요?

✏️

🎤　　　1st ☐　　　2nd ☐　　　3rd ☐

시내로 가는데 어디서 환승해야 하나요?

✏️

🎤　　　1st ☐　　　2nd ☐　　　3rd ☐

브루클린 브릿지까지 몇 정거장 남았나요?

✏️

🎤　　　1st ☐　　　2nd ☐　　　3rd ☐

57) 운행 시간/방향

이 호선의 첫차는 몇 시 인가요?

🖊

🎤　　　1st ☐　　　2nd ☐　　　3rd ☐

이 호선의 막차는 몇 시 인가요?

🖊

🎤　　　1st ☐　　　2nd ☐　　　3rd ☐

주말에는 자주 운행이 안 돼요.

🖊

🎤　　　1st ☐　　　2nd ☐　　　3rd ☐

반대 방향으로 가려면 어디서 지하철을 타야 하나요?

🖊

🎤　　　1st ☐　　　2nd ☐　　　3rd ☐

지하철을 잘못 탄 거 같아요.

🖊

🎤　　　1st ☐　　　2nd ☐　　　3rd ☐

58) 기차표 구입

보스톤행 다음 기차는 언제인가요?

✏️

🎤　　　1st ☐　　　2nd ☐　　　3rd ☐

워싱턴행 가장 빠른 기차는 언제인가요?

✏️

🎤　　　1st ☐　　　2nd ☐　　　3rd ☐

펜실베니아까지 요금이 얼마인가요?

✏️

🎤　　　1st ☐　　　2nd ☐　　　3rd ☐

펜실베니아행 표 2장 주세요.

✏️

🎤　　　1st ☐　　　2nd ☐　　　3rd ☐

왕복 티켓은 얼마인가요?

✏️

🎤　　　1st ☐　　　2nd ☐　　　3rd ☐

59) 기차에 대한 문의

침대칸이 있나요?

✎ ....

🎤   1st ☐   2nd ☐   3rd ☐

급행열차가 있나요?

✎ ....

🎤   1st ☐   2nd ☐   3rd ☐

짐 놓는 공간이 따로 있나요?

✎ ....

🎤   1st ☐   2nd ☐   3rd ☐

식당칸이 따로 있나요?

✎ ....

🎤   1st ☐   2nd ☐   3rd ☐

브롱스에서 갈아타야 하나요?

✎ ....

🎤   1st ☐   2nd ☐   3rd ☐

60) 플랫폼 대기

이거 보스톤으로 가는 게 맞나요?

✏️ _____

🎤　　　　1st ☐　　　2nd ☐　　　3rd ☐

여기가 메사츄세츠행 플랫폼 맞나요?

✏️ _____

🎤　　　　1st ☐　　　2nd ☐　　　3rd ☐

이거 급행열차 맞나요?

✏️ _____

🎤　　　　1st ☐　　　2nd ☐　　　3rd ☐

뉴욕행 기차는 언제 오나요?

✏️ _____

🎤　　　　1st ☐　　　2nd ☐　　　3rd ☐

기차는 몇 시에 출발할 예정인가요?

✏️ _____

🎤　　　　1st ☐　　　2nd ☐　　　3rd ☐

10
교통수단 이용하기-5
(렌터카)

61) 렌터카 문의

차 목록을 보여주세요.

✎ _____

🎤   1st ☐   2nd ☐   3rd ☐

소형차로 주세요.

✎ _____

🎤   1st ☐   2nd ☐   3rd ☐

10일간 오픈카로 렌트하고 싶어요.

✎ _____

🎤   1st ☐   2nd ☐   3rd ☐

네비게이션 있는 차로 주세요.

✎ _____

🎤   1st ☐   2nd ☐   3rd ☐

예약한 SUV 찾으러 왔어요.

✎ _____

🎤   1st ☐   2nd ☐   3rd ☐

62) 렌트 가격 문의

하루 요금이 얼마인가요?

✎

🎤　　　1st ☐　　　2nd ☐　　　3rd ☐

할인 좀 받을 수 있나요?

✎

🎤　　　1st ☐　　　2nd ☐　　　3rd ☐

총 요금은 얼마인가요?

✎

🎤　　　1st ☐　　　2nd ☐　　　3rd ☐

하루 보험료는 얼마인가요?

✎

🎤　　　1st ☐　　　2nd ☐　　　3rd ☐

연체료는 얼마인가요?

✎

🎤　　　1st ☐　　　2nd ☐　　　3rd ☐

63) 차량 결함 발견

이 차에 문제가 있는 것 같아요.

✎

🎤　　　1st ☐　　　2nd ☐　　　3rd ☐

에어컨 작동이 안 되는 것 같아요.

✎

🎤　　　1st ☐　　　2nd ☐　　　3rd ☐

헤드라이트 작동이 안 되는 것 같아요.

✎

🎤　　　1st ☐　　　2nd ☐　　　3rd ☐

배터리가 나간 것 같아요.

✎

🎤　　　1st ☐　　　2nd ☐　　　3rd ☐

네비게이션 작동이 안 되는 것 같아요.

✎

🎤　　　1st ☐　　　2nd ☐　　　3rd ☐

64) 차량 인수

제 국제운전면허증입니다.

✏️
_____

🎤　　　1st ☐　　　2nd ☐　　　3rd ☐

언제 반납해야 하나요?

✏️
_____

🎤　　　1st ☐　　　2nd ☐　　　3rd ☐

다른 곳에 반납해도 될까요?

✏️
_____

🎤　　　1st ☐　　　2nd ☐　　　3rd ☐

사고 시 연락처를 받을 수 있나요?

✏️
_____

🎤　　　1st ☐　　　2nd ☐　　　3rd ☐

한국어로 바꿀 수 있나요?

✏️
_____

🎤　　　1st ☐　　　2nd ☐　　　3rd ☐

65) 운행 시

좀 더 빠른 길이 있나요?

✏️

🎤   1st ☐   2nd ☐   3rd ☐

셀프 주유소가 어디에 있나요?

✏️

🎤   1st ☐   2nd ☐   3rd ☐

시내로 가는 길 아시나요?

✏️

🎤   1st ☐   2nd ☐   3rd ☐

여기서 유턴 가능한가요?

✏️

🎤   1st ☐   2nd ☐   3rd ☐

주차 요금은 얼마인가요?

✏️

🎤   1st ☐   2nd ☐   3rd ☐

66) 사고 시

5번가에서 난 사고를 신고하려 합니다.

✎ _____

🎤 　　　1st ☐　　　2nd ☐　　　3rd ☐

그냥 접촉 사고예요.

✎ _____

🎤 　　　1st ☐　　　2nd ☐　　　3rd ☐

여기 다친 사람이 있어요.

✎ _____

🎤 　　　1st ☐　　　2nd ☐　　　3rd ☐

보험사에 연락하고 싶어요.

✎ _____

🎤 　　　1st ☐　　　2nd ☐　　　3rd ☐

견인차를 부를 수 있나요?

✎ _____

🎤 　　　1st ☐　　　2nd ☐　　　3rd ☐

67) 법규 위반 시

속도 제한을 몰랐어요.

✎

🎤　　　　1st ☐　　　2nd ☐　　　3rd ☐

정지 신호를 못 봤어요.

✎

🎤　　　　1st ☐　　　2nd ☐　　　3rd ☐

벌금이 얼마인가요?

✎

🎤　　　　1st ☐　　　2nd ☐　　　3rd ☐

저는 그냥 여행객이에요.

✎

🎤　　　　1st ☐　　　2nd ☐　　　3rd ☐

한 번만 봐주실래요?

✎

🎤　　　　1st ☐　　　2nd ☐　　　3rd ☐

68) 주유

가득 넣어주세요.

✎ _____

🎤 　　　1st ☐　　　2nd ☐　　　3rd ☐

30달러어치 부탁드려요.

✎ _____

🎤 　　　1st ☐　　　2nd ☐　　　3rd ☐

디젤 부탁드립니다.

✎ _____

🎤 　　　1st ☐　　　2nd ☐　　　3rd ☐

일반 휘발유 부탁드립니다.

✎ _____

🎤 　　　1st ☐　　　2nd ☐　　　3rd ☐

고급 휘발유 부탁드립니다.

✎ _____

🎤 　　　1st ☐ ．　　2nd ☐　　　3rd ☐

11

숙박하기
(호텔)

69) 체크인

체크인할게요.

✎

🎤   1st ☐   2nd ☐   3rd ☐

지금 체크인할 수 있나요?

✎

🎤   1st ☐   2nd ☐   3rd ☐

예약을 확인하고 싶어요.

✎

🎤   1st ☐   2nd ☐   3rd ☐

'박'입니다.

✎

🎤   1st ☐   2nd ☐   3rd ☐

체크인할 때까지 짐 좀 맡겨도 될까요?

✎

🎤   1st ☐   2nd ☐   3rd ☐

70) 방 배정

제 방 번호가 몇인가요?

✎ _____

🎤   1st ☐   2nd ☐   3rd ☐

업그레이드 할 수 있나요?

✎ _____

🎤   1st ☐   2nd ☐   3rd ☐

좀 더 높은 방으로 안 될까요?

✎ _____

🎤   1st ☐   2nd ☐   3rd ☐

체크아웃은 몇 시 인가요?

✎ _____

🎤   1st ☐   2nd ☐   3rd ☐

방에 무료 와이파이 있나요?

✎ _____

🎤   1st ☐   2nd ☐   3rd ☐

71) 시스템 문의

Wi-Fi 비밀번호가 무엇인가요?

✏️

🎤　　　　1st ☐　　　　2nd ☐　　　　3rd ☐

아침 식사는 몇 시 인가요?

✏️

🎤　　　　1st ☐　　　　2nd ☐　　　　3rd ☐

공항 셔틀버스가 있나요?

✏️

🎤　　　　1st ☐　　　　2nd ☐　　　　3rd ☐

얼마나 자주 운행되나요?

✏️

🎤　　　　1st ☐　　　　2nd ☐　　　　3rd ☐

어댑터를 빌릴 수 있나요?

✏️

🎤　　　　1st ☐　　　　2nd ☐　　　　3rd ☐

72) 호텔 내 편의 시설 문의

헬스장이 있나요?

✏️
_____

🎤　　　　1st ☐　　　　2nd ☐　　　　3rd ☐

헬스장은 몇 시에 오픈하나요?

✏️
_____

🎤　　　　1st ☐　　　　2nd ☐　　　　3rd ☐

수영장이 있나요?

✏️
_____

🎤　　　　1st ☐　　　　2nd ☐　　　　3rd ☐

호텔에 바가 있나요?

✏️
_____

🎤　　　　1st ☐　　　　2nd ☐　　　　3rd ☐

사우나 이용 가능한가요?

✏️
_____

🎤　　　　1st ☐　　　　2nd ☐　　　　3rd ☐

73) 서비스 문의

룸서비스를 주문하고 싶어요.

✎

🎤   1st ☐   2nd ☐   3rd ☐

제 방에 수건 몇 장 더 주세요.

✎

🎤   1st ☐   2nd ☐   3rd ☐

6시에 모닝콜을 받을 수 있나요?

✎

🎤   1st ☐   2nd ☐   3rd ☐

추가 어메니티를 받을 수 있나요?

✎

🎤   1st ☐   2nd ☐   3rd ☐

세탁 서비스를 받을 수 있나요?

✎

🎤   1st ☐   2nd ☐   3rd ☐

74) 불편 신고

슬리퍼를 못 찾겠어요.

✎

🎤　　　1st ☐　　　2nd ☐　　　3rd ☐

따뜻한 물이 안 나와요.

✎

🎤　　　1st ☐　　　2nd ☐　　　3rd ☐

인터넷 연결이 안 돼요.

✎

🎤　　　1st ☐　　　2nd ☐　　　3rd ☐

조명을 켤 수가 없어요.

✎

🎤　　　1st ☐　　　2nd ☐　　　3rd ☐

방에 열쇠를 두고 나온 거 같아요.

✎

🎤　　　1st ☐　　　2nd ☐　　　3rd ☐

75) 체크아웃

체크아웃하고 싶어요.

✏️ _____

🎤　　　　1st ☐　　　2nd ☐　　　3rd ☐

얼마나 더 내야 하나요?

✏️ _____

🎤　　　　1st ☐　　　2nd ☐　　　3rd ☐

이틀 더 머물 수 있을까요?

✏️ _____

🎤　　　　1st ☐　　　2nd ☐　　　3rd ☐

공항까지 택시 좀 불러주실래요?

✏️ _____

🎤　　　　1st ☐　　　2nd ☐　　　3rd ☐

몇 시간 동안 제 짐 좀 맡아주실래요?

✏️ _____

🎤　　　　1st ☐　　　2nd ☐　　　3rd ☐

12
식사하기
(식당/카페)

76) 전화 예약

예약을 해야 하나요?

✏️
_____
🎤   1st ☐   2nd ☐   3rd ☐

오늘 밤 2명 예약하려고 전화했어요.

✏️
_____
🎤   1st ☐   2nd ☐   3rd ☐

대기자 명단에 올려주시겠어요?

✏️
_____
🎤   1st ☐   2nd ☐   3rd ☐

오늘 6시에 4명 자리 좀 예약하려고요.

✏️
_____
🎤   1st ☐   2nd ☐   3rd ☐

예약 없이 가도 되나요?

✏️
_____
🎤   1st ☐   2nd ☐   3rd ☐

77) 방문 예약

2명이 앉을 자리로 부탁합니다.

✏️
_____
🎤   1st ☐   2nd ☐   3rd ☐

오늘 밤 3명이 앉을 자리 있나요?

✏️
_____
🎤   1st ☐   2nd ☐   3rd ☐

2명 추가해도 되나요?

✏️
_____
🎤   1st ☐   2nd ☐   3rd ☐

이게 대기자 명단인가요?

✏️
_____
🎤   1st ☐   2nd ☐   3rd ☐

얼마나 기다려야 하죠?

✏️
_____
🎤   1st ☐   2nd ☐   3rd ☐

78) 변경/취소

예약 취소하려고 전화했어요.

✏️
_____

🎤   1st ☐   2nd ☐   3rd ☐

예약 취소하고 싶어요.

✏️
_____

🎤   1st ☐   2nd ☐   3rd ☐

날짜 변경하고 싶어요.

✏️
_____

🎤   1st ☐   2nd ☐   3rd ☐

7시에서 8시로 변경하고 싶어요.

✏️
_____

🎤   1st ☐   2nd ☐   3rd ☐

저녁 9시로 예약 변경해도 되나요?

✏️
_____

🎤   1st ☐   2nd ☐   3rd ☐

79) 입구 대기

2명이요.

✏️

🎤　　　1st ☐　　　2nd ☐　　　3rd ☐

일행은 어른 2명, 아이 2명, 이렇게 4명이에요.

✏️

🎤　　　1st ☐　　　2nd ☐　　　3rd ☐

아직 일행이 안 왔어요.

✏️

🎤　　　1st ☐　　　2nd ☐　　　3rd ☐

저까지 3명이에요.

✏️

🎤　　　1st ☐　　　2nd ☐　　　3rd ☐

셋인데요, 아직 1명이 안 왔어요.

✏️

🎤　　　1st ☐　　　2nd ☐　　　3rd ☐

MEMO

80) 입장 및 좌석 배정

외투 보관소가 있나요?

✎

🎤 1st ☐ 2nd ☐ 3rd ☐

창가 자리로 주실 수 있나요?

✎

🎤 1st ☐ 2nd ☐ 3rd ☐

여기 테이블 좀 붙여주실래요?

✎

🎤 1st ☐ 2nd ☐ 3rd ☐

옆 자리로 옮겨도 되나요?

✎

🎤 1st ☐ 2nd ☐ 3rd ☐

같이 앉아도 되나요?

✎

🎤 1st ☐ 2nd ☐ 3rd ☐

81) 메뉴 요청

메뉴판 좀 주실래요?

✎

🎤　　1st ☐　　2nd ☐　　3rd ☐

우리 주문할게요.

✎

🎤　　1st ☐　　2nd ☐　　3rd ☐

아직 준비 안 됐어요.

✎

🎤　　1st ☐　　2nd ☐　　3rd ☐

잠시 후 주문할게요.

✎

🎤　　1st ☐　　2nd ☐　　3rd ☐

준비되면 시킬게요.

✎

🎤　　1st ☐　　2nd ☐　　3rd ☐

82) 물 주문

그냥 탄산수 주세요.

✎

🎤   1st ☐   2nd ☐   3rd ☐

탄산수 크기가 얼마나 하나요?

✎

🎤   1st ☐   2nd ☐   3rd ☐

그냥 물 있나요?

✎

🎤   1st ☐   2nd ☐   3rd ☐

한 병에 얼마인가요?

✎

🎤   1st ☐   2nd ☐   3rd ☐

얼음 빼고 주세요.

✎

🎤   1st ☐   2nd ☐   3rd ☐

83) 메뉴에 대한 문의 - 1

여긴 무엇이 맛있나요?

✏️

🎤　　　　1st ☐　　　　2nd ☐　　　　3rd ☐

메인 요리로 무엇을 추천하시나요?

✏️

🎤　　　　1st ☐　　　　2nd ☐　　　　3rd ☐

같이 먹을 수 있는 걸로 추천해주실래요?

✏️

🎤　　　　1st ☐　　　　2nd ☐　　　　3rd ☐

무엇을 제일 잘하나요?

✏️

🎤　　　　1st ☐　　　　2nd ☐　　　　3rd ☐

현지 음식이 있나요?

✏️

🎤　　　　1st ☐　　　　2nd ☐　　　　3rd ☐

84) 메뉴에 대한 문의 - 2

점심 특선 메뉴가 있나요?

✏

🎤　　　　　1st ☐　　　2nd ☐　　　3rd ☐

오늘의 특선 요리가 뭔가요?

✏

🎤　　　　　1st ☐　　　2nd ☐　　　3rd ☐

현지 음식이 먹고 싶어요.

✏

🎤　　　　　1st ☐　　　2nd ☐　　　3rd ☐

이것은 무엇으로 만들어졌나요?

✏

🎤　　　　　1st ☐　　　2nd ☐　　　3rd ☐

유기농 제품인가요?

✏

🎤　　　　　1st ☐　　　2nd ☐　　　3rd ☐

MEMO

85) 메뉴 주문

점심 특선으로 주세요.

✏️
_____

🎤　　　1st ☐　　　2nd ☐　　　3rd ☐

치킨샐러드 주세요.

✏️
_____

🎤　　　1st ☐　　　2nd ☐　　　3rd ☐

치즈케이크 하나 주세요. 함께 먹으려고요.

✏️
_____

🎤　　　1st ☐　　　2nd ☐　　　3rd ☐

같은 걸로 주세요.

✏️
_____

🎤　　　1st ☐　　　2nd ☐　　　3rd ☐

이 여자 분은 티본스테이크고요, 저는 등심스테이크로 해주세요.

✏️
_____

🎤　　　1st ☐　　　2nd ☐　　　3rd ☐

86) 스테이크 주문

웰던으로 해주세요.

✏️

🎤　　　1st ☐　　　2nd ☐　　　3rd ☐

미디엄 레어로 해주세요.

✏️

🎤　　　1st ☐　　　2nd ☐　　　3rd ☐

레어로 해주세요.

✏️

🎤　　　1st ☐　　　2nd ☐　　　3rd ☐

너무 익었는데요.

✏️

🎤　　　1st ☐　　　2nd ☐　　　3rd ☐

덜 익었어요.

✏️

🎤　　　1st ☐　　　2nd ☐　　　3rd ☐

87) 계란 요리 주문

한쪽만 반숙으로 해주세요.

✎

🎤　　　1st ☐　　　2nd ☐　　　3rd ☐

반숙으로 해주세요.

✎

🎤　　　1st ☐　　　2nd ☐　　　3rd ☐

완숙으로 해주세요.

✎

🎤　　　1st ☐　　　2nd ☐　　　3rd ☐

스크램블드에그로 해주세요.

✎

🎤　　　1st ☐　　　2nd ☐　　　3rd ☐

수란으로 해주세요.

✎

🎤　　　1st ☐　　　2nd ☐　　　3rd ☐

88) 감자튀김 주문

감자튀김 주세요.

✏

🎤　　　1st ☐　　　2nd ☐　　　3rd ☐

으깬 감자 요리가 좋겠어요.

✏

🎤　　　1st ☐　　　2nd ☐　　　3rd ☐

통감자구이가 낫겠어요.

✏

🎤　　　1st ☐　　　2nd ☐　　　3rd ☐

해쉬브라운 두 개로 할게요.

✏

🎤　　　1st ☐　　　2nd ☐　　　3rd ☐

통감자튀김으로 할게요.

✏

🎤　　　1st ☐　　　2nd ☐　　　3rd ☐

89) 소스 주문

겨자소스로 주세요.

✏️

🎤　　　1st ☐　　　2nd ☐　　　3rd ☐

굴소스가 좋아요.

✏️

🎤　　　1st ☐　　　2nd ☐　　　3rd ☐

케첩을 접시 한쪽에 주세요.

✏️

🎤　　　1st ☐　　　2nd ☐　　　3rd ☐

발사믹식초가 좋겠어요.

✏️

🎤　　　1st ☐　　　2nd ☐　　　3rd ☐

크림소스와 칠리소스 둘 다 주세요.

✏️

🎤　　　1st ☐　　　2nd ☐　　　3rd ☐

90) 요청 사항 - 1

고수는 빼주세요.

🖊

🎤　　　1st ☐　　　2nd ☐　　　3rd ☐

마요네즈는 빼주세요.

🖊

🎤　　　1st ☐　　　2nd ☐　　　3rd ☐

짜지 않게 해주세요.

🖊

🎤　　　1st ☐　　　2nd ☐　　　3rd ☐

안 맵게 해주세요.

🖊

🎤　　　1st ☐　　　2nd ☐　　　3rd ☐

마요네즈는 너무 많이 넣지 마세요.

🖊

🎤　　　1st ☐　　　2nd ☐　　　3rd ☐

91) 요청 사항 - 2

반으로 잘라주실래요?

✏️

🎤 　　　1st ☐　　　2nd ☐　　　3rd ☐

데워주실 수 있나요?

✏️

🎤 　　　1st ☐　　　2nd ☐　　　3rd ☐

테이블을 치워주실 수 있나요?

✏️

🎤 　　　1st ☐　　　2nd ☐　　　3rd ☐

음식 한꺼번에 주실래요?

✏️

🎤 　　　1st ☐　　　2nd ☐　　　3rd ☐

음식 차례대로 주실래요?

✏️

🎤 　　　1st ☐　　　2nd ☐　　　3rd ☐

92) 서비스 컴플레인

제가 주문한 메뉴가 아니에요.

✏️
〰️

🎤　　　　1st ☐　　　　2nd ☐　　　　3rd ☐

오래 기다려야 하나요?

✏️
〰️

🎤　　　　1st ☐　　　　2nd ☐　　　　3rd ☐

이거 유통 기한이 지났어요.

✏️
〰️

🎤　　　　1st ☐　　　　2nd ☐　　　　3rd ☐

지금까지 아무것도 안 나왔어요.

✏️
〰️

🎤　　　　1st ☐　　　　2nd ☐　　　　3rd ☐

담당자 분과 직접 얘기하는 게 낫겠어요.

✏️
〰️

🎤　　　　1st ☐　　　　2nd ☐　　　　3rd ☐

93) 음식 컴플레인

이거 너무 짜요.

✏

🎤　　　1st ☐　　　2nd ☐　　　3rd ☐

너무 매워요.

✏

🎤　　　1st ☐　　　2nd ☐　　　3rd ☐

이거 덜 익었어요.

✏

🎤　　　1st ☐　　　2nd ☐　　　3rd ☐

이거 탔어요.

✏

🎤　　　1st ☐　　　2nd ☐　　　3rd ☐

이거 식었어요.

✏

🎤　　　1st ☐　　　2nd ☐　　　3rd ☐

94) 포장

남은 음식 포장해 갈 박스 있나요?

🖊

🎤   1st ☐   2nd ☐   3rd ☐

남은 음식 좀 포장해 갈 수 있나요?

🖊

🎤   1st ☐   2nd ☐   3rd ☐

이거 좀 포장할 수 있나요?

🖊

🎤   1st ☐   2nd ☐   3rd ☐

이거 좀 싸주시겠어요?

🖊

🎤   1st ☐   2nd ☐   3rd ☐

따로 싸주시겠어요?

🖊

🎤   1st ☐   2nd ☐   3rd ☐

95) 후식 주문

디저트 먹을게요.

✏️
_____

🎤　　　　1st ☐　　　2nd ☐　　　3rd ☐

디저트 종류는 무엇이 있나요?

✏️
_____

🎤　　　　1st ☐　　　2nd ☐　　　3rd ☐

커피로 할게요.

✏️
_____

🎤　　　　1st ☐　　　2nd ☐　　　3rd ☐

아이스크림으로 할게요.

✏️
_____

🎤　　　　1st ☐　　　2nd ☐　　　3rd ☐

배불러요. 디저트는 안 먹을게요.

✏️
_____

🎤　　　　1st ☐　　　2nd ☐　　　3rd ☐

96) 계산서/요금 문의

계산서 주세요.

✏️
🎤   1st ☐   2nd ☐   3rd ☐

계산서 좀 주시겠어요?

✏️
🎤   1st ☐   2nd ☐   3rd ☐

다 합해서 얼마인가요?

✏️
🎤   1st ☐   2nd ☐   3rd ☐

1인당 얼마인가요?

✏️
🎤   1st ☐   2nd ☐   3rd ☐

팁이 포함된 건가요?

✏️
🎤   1st ☐   2nd ☐   3rd ☐

97) 결제 방식 문의

미리 내야 하나요?

✎

🎤   1st ☐   2nd ☐   3rd ☐

저 쿠폰을 좀 가지고 있어요.

✎

🎤   1st ☐   2nd ☐   3rd ☐

여기서 낼까요, 프런트에서 낼까요?

✎

🎤   1st ☐   2nd ☐   3rd ☐

계산은 현금으로만 할 수 있나요?

✎

🎤   1st ☐   2nd ☐   3rd ☐

각자 계산해주실 수 있나요?

✎

🎤   1st ☐   2nd ☐   3rd ☐

98) 결제 오류

계산서가 잘못 나온 것 같아요.

✎ _____

🎤   1st ☐   2nd ☐   3rd ☐

계산서에 오류가 있어요.

✎ _____

🎤   1st ☐   2nd ☐   3rd ☐

이건 무슨 가격이죠?

✎ _____

🎤   1st ☐   2nd ☐   3rd ☐

잔돈을 잘못 주신 것 같아요.

✎ _____

🎤   1st ☐   2nd ☐   3rd ☐

실수로 2번 계산하신 것 같아요.

✎ _____

🎤   1st ☐   2nd ☐   3rd ☐

99) 카페 주문하기

아메리카노 한 잔이요.

✎

🎤   1st ☐   2nd ☐   3rd ☐

아이스로요.

✎

🎤   1st ☐   2nd ☐   3rd ☐

조금 더 뜨겁게 해주실 수 있나요?

✎

🎤   1st ☐   2nd ☐   3rd ☐

작은 걸로 주세요.

✎

🎤   1st ☐   2nd ☐   3rd ☐

얼음을 작은 컵에 받을 수 있을까요?

✎

🎤   1st ☐   2nd ☐   3rd ☐

100) 요구 사항

여기서 마실게요.

✏️
_____

🎤　　　1st ☐　　　2nd ☐　　　3rd ☐

캐리어 주시겠어요?

✏️
_____

🎤　　　1st ☐　　　2nd ☐　　　3rd ☐

컵 홀더 좀 씌워주실래요?

✏️
_____

🎤　　　1st ☐　　　2nd ☐　　　3rd ☐

리필 되나요?

✏️
_____

🎤　　　1st ☐　　　2nd ☐　　　3rd ☐

여기 와이파이 되나요?

✏️
_____

🎤　　　1st ☐　　　2nd ☐　　　3rd ☐

13
쇼핑하기
(상점)

101) 매장 안 위치

남성 코너는 어디에 있나요?

✏️

🎤　　　　1st ☐　　　　2nd ☐　　　　3rd ☐

쇼핑 카트는 어디에 있나요?

✏️

🎤　　　　1st ☐　　　　2nd ☐　　　　3rd ☐

피팅룸은 어디에 있나요?

✏️

🎤　　　　1st ☐　　　　2nd ☐　　　　3rd ☐

가장 가까운 ATM은 어디에 있나요?

✏️

🎤　　　　1st ☐　　　　2nd ☐　　　　3rd ☐

계산대는 어디에 있나요?

✏️

🎤　　　　1st ☐　　　　2nd ☐　　　　3rd ☐

102) 매장 안 둘러보기

그냥 혼자 구경 좀 하려고요.

✎

🎤　　1st ☐　　2nd ☐　　3rd ☐

신상품을 찾고 있어요.

✎

🎤　　1st ☐　　2nd ☐　　3rd ☐

부모님에게 드릴 선물을 사러 왔어요.

✎

🎤　　1st ☐　　2nd ☐　　3rd ☐

여기에서 가장 잘 나가는 상품이 무엇이죠?

✎

🎤　　1st ☐　　2nd ☐　　3rd ☐

저것 좀 보여주실래요?

✎

🎤　　1st ☐　　2nd ☐　　3rd ☐

103) 제품 판매/재고 문의

이거 품절됐나요?

✎
....

🎤   1st ☐   2nd ☐   3rd ☐

세일 중인가요?

✎
....

🎤   1st ☐   2nd ☐   3rd ☐

이거 새 상품인가요?

✎
....

🎤   1st ☐   2nd ☐   3rd ☐

이거 여성용인가요?

✎
....

🎤   1st ☐   2nd ☐   3rd ☐

이거 마지막 남은 것인가요?

✎
....

🎤   1st ☐   2nd ☐   3rd ☐

104) 제품 세탁 문의

세탁하면 줄어들까요?

✏️

🎤　　　1st ☐　　　2nd ☐　　　3rd ☐

시간이 지나면 색이 바랠까요?

✏️

🎤　　　1st ☐　　　2nd ☐　　　3rd ☐

세탁기에 돌려도 될까요?

✏️

🎤　　　1st ☐　　　2nd ☐　　　3rd ☐

찬물에 세탁해야 하나요?

✏️

🎤　　　1st ☐　　　2nd ☐　　　3rd ☐

드라이 해야 하나요?

✏️

🎤　　　1st ☐　　　2nd ☐　　　3rd ☐

105) 착용

이거 입어봐도 돼요?

✎

🎤   1st ☐   2nd ☐   3rd ☐

어떤 사이즈를 입어봐야 할까요?

✎

🎤   1st ☐   2nd ☐   3rd ☐

이거 저에게 맞는 사이즈도 있을까요?

✎

🎤   1st ☐   2nd ☐   3rd ☐

미디엄 사이즈가 좋겠어요.

✎

🎤   1st ☐   2nd ☐   3rd ☐

이게 탈의실 기다리는 줄인가요?

✎

🎤   1st ☐   2nd ☐   3rd ☐

106) 착용감 설명

저한테 잘 안 맞아요.

✎

🎤　　1st ☐　　2nd ☐　　3rd ☐

목 부분이 너무 헐렁하네요.

✎

🎤　　1st ☐　　2nd ☐　　3rd ☐

저에게 너무 큰 것 같아요.

✎

🎤　　1st ☐　　2nd ☐　　3rd ☐

소매가 너무 길어요.

✎

🎤　　1st ☐　　2nd ☐　　3rd ☐

엉덩이 부분이 너무 꽉 끼네요.

✎

🎤　　1st ☐　　2nd ☐　　3rd ☐

107) 색/스타일 설명

색깔이 마음에 들지 않아요.

✏️ _____

🎤　　　1st ☐　　　2nd ☐　　　3rd ☐

이 색 진짜 예쁘네요.

✏️ _____

🎤　　　1st ☐　　　2nd ☐　　　3rd ☐

너무 촌스러워요.

✏️ _____

🎤　　　1st ☐　　　2nd ☐　　　3rd ☐

이 스타일 너무 튀네요.

✏️ _____

🎤　　　1st ☐　　　2nd ☐　　　3rd ☐

색깔이 제 코트랑 어울리는 것 같네요.

✏️ _____

🎤　　　1st ☐　　　2nd ☐　　　3rd ☐

108) 다른 제품 문의

더 작은 사이즈가 있나요?

🖊
_____

🎤　　　1st ☐　　　2nd ☐　　　3rd ☐

더 큰 사이즈를 입어볼 수 있나요?

🖊
_____

🎤　　　1st ☐　　　2nd ☐　　　3rd ☐

이게 가장 큰 것인가요?

🖊
_____

🎤　　　1st ☐　　　2nd ☐　　　3rd ☐

새로운 것으로 받고 싶습니다.

🖊
_____

🎤　　　1st ☐　　　2nd ☐　　　3rd ☐

이걸로 다른 색상도 있나요?

🖊
_____

🎤　　　1st ☐　　　2nd ☐　　　3rd ☐

109) 가격 문의

이거 얼마인가요?

✏️

🎤　　　1st ☐　　　2nd ☐　　　3rd ☐

이 셔츠 얼마인가요?

✏️

🎤　　　1st ☐　　　2nd ☐　　　3rd ☐

이 바지 얼마인가요?

✏️

🎤　　　1st ☐　　　2nd ☐　　　3rd ☐

가격표가 없네요.

✏️

🎤　　　1st ☐　　　2nd ☐　　　3rd ☐

정가는 얼마인가요?

✏️

🎤　　　1st ☐　　　2nd ☐　　　3rd ☐

110) 가격 흥정

너무 비싸요.

✏️
🎤 　　　1st ☐　　　2nd ☐　　　3rd ☐

그거 살 수 없어요.

✏️
🎤 　　　1st ☐　　　2nd ☐　　　3rd ☐

이게 제가 가진 전부인데요.

✏️
🎤 　　　1st ☐　　　2nd ☐　　　3rd ☐

할인 받을 수 있나요?

✏️
🎤 　　　1st ☐　　　2nd ☐　　　3rd ☐

현금으로 하면 싸게 해주시나요?

✏️
🎤 　　　1st ☐　　　2nd ☐　　　3rd ☐

111) 구입 의사

이걸로 할게요.

✎
_____

🎤　　　1st ☐　　　2nd ☐　　　3rd ☐

둘 다 할게요.

✎
_____

🎤　　　1st ☐　　　2nd ☐　　　3rd ☐

이걸로 할게요.

✎
_____

🎤　　　1st ☐　　　2nd ☐　　　3rd ☐

별로예요.

✎
_____

🎤　　　1st ☐　　　2nd ☐　　　3rd ☐

나중에 올게요.

✎
_____

🎤　　　1st ☐　　　2nd ☐　　　3rd ☐

112) 계산

줄 서신 거 맞나요?

✎

🎤   1st ☐   2nd ☐   3rd ☐

총 얼마인가요?

✎

🎤   1st ☐   2nd ☐   3rd ☐

환불 가능한가요?

✎

🎤   1st ☐   2nd ☐   3rd ☐

세금 환급을 받을 수 있나요?

✎

🎤   1st ☐   2nd ☐   3rd ☐

세금 환급은 어디에서 요청드리나요?

✎

🎤   1st ☐   2nd ☐   3rd ☐

113) 포장/배송

쇼핑백에 담아주실래요?

✎ _____

🎤 　　　1st ☐　　　2nd ☐　　　3rd ☐

쇼핑백으로 하나 더 주실 수 있나요?

✎ _____

🎤 　　　1st ☐　　　2nd ☐　　　3rd ☐

비닐봉지는 필요없어요.

✎ _____

🎤 　　　1st ☐　　　2nd ☐　　　3rd ☐

배송 서비스 있나요?

✎ _____

🎤 　　　1st ☐　　　2nd ☐　　　3rd ☐

배송되는 데 얼마나 걸리나요?

✎ _____

🎤 　　　1st ☐　　　2nd ☐　　　3rd ☐

114) 계산 오류

너무 비싼 거 같아요.

✏️
🎤   1st ☐   2nd ☐   3rd ☐

저 바가지 쓴 것 같아요.

✏️
🎤   1st ☐   2nd ☐   3rd ☐

계산서가 잘못 된 거 같아요.

✏️
🎤   1st ☐   2nd ☐   3rd ☐

이 가게의 책임자이신가요?

✏️
🎤   1st ☐   2nd ☐   3rd ☐

잔돈을 잘못 주신 거 같아요.

✏️
🎤   1st ☐   2nd ☐   3rd ☐

115) 교환/반품/환불

교환 가능한가요?

✏️
....

🎤　　　1st ☐　　　2nd ☐　　　3rd ☐

다른 걸로 교환해도 되나요?

✏️
....

🎤　　　1st ☐　　　2nd ☐　　　3rd ☐

색깔 좀 바꿀 수 있을까요?

✏️
....

🎤　　　1st ☐　　　2nd ☐　　　3rd ☐

이거 반품하고 싶어요.

✏️
....

🎤　　　1st ☐　　　2nd ☐　　　3rd ☐

이거 환불 받으러 왔어요.

✏️
....

🎤　　　1st ☐　　　2nd ☐　　　3rd ☐

116) 화장품 문의

화장품 좀 사고 싶은데요.

✎ _____

🎤　　　1st ☐　　　2nd ☐　　　3rd ☐

스킨 로션 찾아요.

✎ _____

🎤　　　1st ☐　　　2nd ☐　　　3rd ☐

선크림 있나요?

✎ _____

🎤　　　1st ☐　　　2nd ☐　　　3rd ☐

테스트용 샘플 있나요?

✎ _____

🎤　　　1st ☐　　　2nd ☐　　　3rd ☐

이거 해봐도 돼요?

✎ _____

🎤　　　1st ☐　　　2nd ☐　　　3rd ☐

117) 피부 타입 설명

제 피부는 너무 건조해요.

✎ _____

🎤   1st ☐   2nd ☐   3rd ☐

제 피부는 지성이에요.

✎ _____

🎤   1st ☐   2nd ☐   3rd ☐

제 피부는 복합성이에요.

✎ _____

🎤   1st ☐   2nd ☐   3rd ☐

제 피부색은 밝은 편이에요.

✎ _____

🎤   1st ☐   2nd ☐   3rd ☐

제 피부색에 맞는 것 있을까요?

✎ _____

🎤   1st ☐   2nd ☐   3rd ☐

118) 화장품 성능

이거 주름을 개선해주나요?

✎

🎤 　　　1st ☐　　　2nd ☐　　　3rd ☐

이 마스카라는 방수인가요?

✎

🎤 　　　1st ☐　　　2nd ☐　　　3rd ☐

향이 너무 진해요.

✎

🎤 　　　1st ☐　　　2nd ☐　　　3rd ☐

어떤 게 커버력이 가장 좋나요?

✎

🎤 　　　1st ☐　　　2nd ☐　　　3rd ☐

기내에 갖고 탈 수 있나요?

✎

🎤 　　　1st ☐　　　2nd ☐　　　3rd ☐

119) 기념품 문의

냉장고 자석 좀 사려고요.

✏

🎤   1st ☐   2nd ☐   3rd ☐

친구 기념품 사주려고 해요.

✏

🎤   1st ☐   2nd ☐   3rd ☐

어떤 것이 훌륭한 현지 기념품인가요?

✏

🎤   1st ☐   2nd ☐   3rd ☐

다른 가게에서는 더 싸던데요.

✏

🎤   1st ☐   2nd ☐   3rd ☐

이거 선물 포장 해줄 수 있나요?

✏

🎤   1st ☐   2nd ☐   3rd ☐

120) 장난감 문의

유아 용품은 어디 있나요?

🖊

🎤　　　1st ☐　　　2nd ☐　　　3rd ☐

영유아용 장난감 사고 싶어요.

🖊

🎤　　　1st ☐　　　2nd ☐　　　3rd ☐

7살짜리 아이용 선물 괜찮은 거 좀 찾아주실래요?

🖊

🎤　　　1st ☐　　　2nd ☐　　　3rd ☐

무엇으로 만들어졌죠? (재질이 무엇인가요?)

🖊

🎤　　　1st ☐　　　2nd ☐　　　3rd ☐

아이들이 사용하기에 안전한가요?

🖊

🎤　　　1st ☐　　　2nd ☐　　　3rd ☐

14
관광하기
(관광지)

121) 관광지 위치 정보

시내 지도를 받아볼 수 있을까요?

✏️
....

🎤　　　　1st ☐　　　2nd ☐　　　3rd ☐

관광 지도를 받아볼 수 있을까요?

✏️
....

🎤　　　　1st ☐　　　2nd ☐　　　3rd ☐

가장 가볼 만한 장소는 어디죠?

✏️
....

🎤　　　　1st ☐　　　2nd ☐　　　3rd ☐

근처에 관광 명소가 있나요?

✏️
....

🎤　　　　1st ☐　　　2nd ☐　　　3rd ☐

당일치기 관광할 수 있는 곳이 어디인가요?

✏️
....

🎤　　　　1st ☐　　　2nd ☐　　　3rd ☐

122) 길 물기

브라이언트파크 찾고 있어요.

✎ _____

🎤   1st ☐   2nd ☐   3rd ☐

센트럴파크까지 어떻게 가나요?

✎ _____

🎤   1st ☐   2nd ☐   3rd ☐

가장 가까운 편의점은 어디에 있나요?

✎ _____

🎤   1st ☐   2nd ☐   3rd ☐

여기서 걸어서 얼마나 걸리나요?

✎ _____

🎤   1st ☐   2nd ☐   3rd ☐

이 지도에서 제가 어디에 있는지 알려주실래요?

✎ _____

🎤   1st ☐   2nd ☐   3rd ☐

123) 길 대답하기

저도 여기 처음이에요.

✎
_____

🎤   1st ☐   2nd ☐   3rd ☐

바로 코너에 있어요.

✎
_____

🎤   1st ☐   2nd ☐   3rd ☐

저쪽으로 쭉 내려가세요.

✎
_____

🎤   1st ☐   2nd ☐   3rd ☐

거기까지 모셔다드릴게요.

✎
_____

🎤   1st ☐   2nd ☐   3rd ☐

쉽게 찾을 거예요.

✎
_____

🎤   1st ☐   2nd ☐   3rd ☐

124) 티켓 구입

학생 할인 되나요?

🖊

🎤　　　1st ☐　　　2nd ☐　　　3rd ☐

입장료는 얼마예요?

🖊

🎤　　　1st ☐　　　2nd ☐　　　3rd ☐

티켓 한 장에 얼마나 하나요?

🖊

🎤　　　1st ☐　　　2nd ☐　　　3rd ☐

티켓을 미리 구입해야 하나요?

🖊

🎤　　　1st ☐　　　2nd ☐　　　3rd ☐

온라인에서 표를 구입해야 하나요?

🖊

🎤　　　1st ☐　　　2nd ☐　　　3rd ☐

125) 관광지 입구

입구가 어디죠?

✎
_____

🎤　　　1st ☐　　　2nd ☐　　　3rd ☐

이거 무슨 줄인가요?

✎
_____

🎤　　　1st ☐　　　2nd ☐　　　3rd ☐

새치기하지 말아주세요.

✎
_____

🎤　　　1st ☐　　　2nd ☐　　　3rd ☐

저 표지판이 무엇을 의미하나요?

✎
_____

🎤　　　1st ☐　　　2nd ☐　　　3rd ☐

저 안내 방송이 무엇을 설명하고 있나요?

✎
_____

🎤　　　1st ☐　　　2nd ☐　　　3rd ☐

126) 관광지 운영 정보 – 1

한국어 버전 있나요?

✎

🎤   1st ☐   2nd ☐   3rd ☐

언제 반납해야 해요?

✎

🎤   1st ☐   2nd ☐   3rd ☐

언제 폐장 하나요?

✎

🎤   1st ☐   2nd ☐   3rd ☐

이 관광지에 대한 정보 좀 얻을 수 있나요?

✎

🎤   1st ☐   2nd ☐   3rd ☐

여기서 사진 찍어도 되나요?

✎

🎤   1st ☐   2nd ☐   3rd ☐

127) 관광지 운영 정보 - 2

여기도 개방되어 있나요?

✏️
_____

🎤 　　　　1st ☐　　　　2nd ☐　　　　3rd ☐

공연 관람을 위해 좌석을 예매해야 하나요?

✏️
_____

🎤 　　　　1st ☐　　　　2nd ☐　　　　3rd ☐

공연이 얼마 동안 진행될까요?

✏️
_____

🎤 　　　　1st ☐　　　　2nd ☐　　　　3rd ☐

이 시장이 얼마나 자주 열리나요?

✏️
_____

🎤 　　　　1st ☐　　　　2nd ☐　　　　3rd ☐

몇 가지 언어가 지원되나요?

✏️
_____

🎤 　　　　1st ☐　　　　2nd ☐　　　　3rd ☐

128) 은행

계좌 개설하고 싶은데요.

✎
_____
🎤   1st ☐   2nd ☐   3rd ☐

제 계좌로 1,000달러 입금할 수 있나요?

✎
_____
🎤   1st ☐   2nd ☐   3rd ☐

저 300달러 출금하고 싶은데요.

✎
_____
🎤   1st ☐   2nd ☐   3rd ☐

이 계좌로 100달러 송금해 주세요.

✎
_____
🎤   1st ☐   2nd ☐   3rd ☐

한국 돈 달러로 환전 할 수 있나요?

✎
_____
🎤   1st ☐   2nd ☐   3rd ☐

129) 우체국

이 소포 한국으로 보내고 싶어요.

✎
_____

🎤　　　1st ☐　　　2nd ☐　　　3rd ☐

한국 도착하는데 얼마나 걸릴까요?

✎
_____

🎤　　　1st ☐　　　2nd ☐　　　3rd ☐

속달 우편으로 할게요.

✎
_____

🎤　　　1st ☐　　　2nd ☐　　　3rd ☐

온라인으로 추적 가능한가요?

✎
_____

🎤　　　1st ☐　　　2nd ☐　　　3rd ☐

보험 포함되어 있나요?

✎
_____

🎤　　　1st ☐　　　2nd ☐　　　3rd ☐

130) 세탁소

이거 세탁하고 싶어요.

✎
🎤　　　1st ☐　　　2nd ☐　　　3rd ☐

이거 드라이클리닝하고 싶어요.

✎
🎤　　　1st ☐　　　2nd ☐　　　3rd ☐

이 얼룩 좀 빼고 싶어요.

✎
🎤　　　1st ☐　　　2nd ☐　　　3rd ☐

금요일까지 해주실 수 있나요?

✎
🎤　　　1st ☐　　　2nd ☐　　　3rd ☐

세탁물 가지러 왔어요.

✎
🎤　　　1st ☐　　　2nd ☐　　　3rd ☐

131) 이발소/미용실

약간만 다듬어 주세요.

✎ ....

🎤　　　1st ☐　　　2nd ☐　　　3rd ☐

옆 부분만 좀 다듬어주세요.

✎ ....

🎤　　　1st ☐　　　2nd ☐　　　3rd ☐

앞머리 좀 짧게 잘라주세요.

✎ ....

🎤　　　1st ☐　　　2nd ☐　　　3rd ☐

파마 하고 싶어요.

✎ ....

🎤　　　1st ☐　　　2nd ☐　　　3rd ☐

염색할 수 있나요?

✎ ....

🎤　　　1st ☐　　　2nd ☐　　　3rd ☐

132) 영화관

이 영화로 2장 주세요.

✏️

🎤   1st ☐   2nd ☐   3rd ☐

성인 2명은 얼마인가요?

✏️

🎤   1st ☐   2nd ☐   3rd ☐

다음 영화는 몇 시 인가요?

✏️

🎤   1st ☐   2nd ☐   3rd ☐

어떤 좌석이 있어요?

✏️

🎤   1st ☐   2nd ☐   3rd ☐

중간 자리로 해주세요.

✏️

🎤   1st ☐   2nd ☐   3rd ☐

16

긴급 상황 대처하기
(약국/병원/경찰서)

133) 위치 찾기

가장 가까운 의원은 어디인가요?

✏️
_____

🎤   1st ☐   2nd ☐   3rd ☐

가장 가까운 약국은 어디인가요?

✏️
_____

🎤   1st ☐   2nd ☐   3rd ☐

가장 가까운 치과는 어디인가요?

✏️
_____

🎤   1st ☐   2nd ☐   3rd ☐

가장 가까운 경찰서는 어디인가요?

✏️
_____

🎤   1st ☐   2nd ☐   3rd ☐

한국대사관은 어디인가요?

✏️
_____

🎤   1st ☐   2nd ☐   3rd ☐

134) 연락처 찾기

한국대사관에 연결 좀 시켜주시겠어요?

✎

🎤　　　1st ☐　　　2nd ☐　　　3rd ☐

보험 회사 연결해주실래요?

✎

🎤　　　1st ☐　　　2nd ☐　　　3rd ☐

대사관에 연락하고 싶어요.

✎

🎤　　　1st ☐　　　2nd ☐　　　3rd ☐

구급차를 불러주시겠어요?

✎

🎤　　　1st ☐　　　2nd ☐　　　3rd ☐

긴급 구조 요청해주세요.

✎

🎤　　　1st ☐　　　2nd ☐　　　3rd ☐

135) 감기 증상 – 1

감기 걸린 지 일주일 됐어요.

✎
_____

🎤　　　1st ☐　　　2nd ☐　　　3rd ☐

독감에 걸린 것 같아요.

✎
_____

🎤　　　1st ☐　　　2nd ☐　　　3rd ☐

감기 걸릴 것 같아요.

✎
_____

🎤　　　1st ☐　　　2nd ☐　　　3rd ☐

친구에게 감기 옮았어요.

✎
_____

🎤　　　1st ☐　　　2nd ☐　　　3rd ☐

독감 때문에 병원에 왔어요.

✎
_____

🎤　　　1st ☐　　　2nd ☐　　　3rd ☐

136) 감기 증상 – 2

열이 화씨 100도예요.

✎ ─────────────────────────────────────

🎤   1st ☐   2nd ☐   3rd ☐

목이 아파요.

✎ ─────────────────────────────────────

🎤   1st ☐   2nd ☐   3rd ☐

오한이 있어요.

✎ ─────────────────────────────────────

🎤   1st ☐   2nd ☐   3rd ☐

콧물이 계속 나와요.

✎ ─────────────────────────────────────

🎤   1st ☐   2nd ☐   3rd ☐

기침이 계속 나와요.

✎ ─────────────────────────────────────

🎤   1st ☐   2nd ☐   3rd ☐

137) 근육통

다리에 쥐가 났어요.

✏️
_____
🎤   1st ☐   2nd ☐   3rd ☐

가슴에 약한 통증이 있어요.

✏️
_____
🎤   1st ☐   2nd ☐   3rd ☐

손목이 쿡쿡 쑤셔요.

✏️
_____
🎤   1st ☐   2nd ☐   3rd ☐

허리가 지끈지끈 아파요.

✏️
_____
🎤   1st ☐   2nd ☐   3rd ☐

전신이 쑤셔요(근육).

✏️
_____
🎤   1st ☐   2nd ☐   3rd ☐

138) 관절통

저 다쳤어요.

✎ _____

🎤   1st ☐   2nd ☐   3rd ☐

발목을 접질렸어요.

✎ _____

🎤   1st ☐   2nd ☐   3rd ☐

손목을 접질렸어요.

✎ _____

🎤   1st ☐   2nd ☐   3rd ☐

왼쪽 팔이 탈골되었어요.

✎ _____

🎤   1st ☐   2nd ☐   3rd ☐

무릎을 다쳤어요.

✎ _____

🎤   1st ☐   2nd ☐   3rd ☐

MEMO

139) 피부 상처

손가락에 상처가 너무 깊이 났어요.

✎

🎤   1st ☐   2nd ☐   3rd ☐

어떤 벌레에게 물린 거 같아요.

✎

🎤   1st ☐   2nd ☐   3rd ☐

온몸에 멍이 들었어요.

✎

🎤   1st ☐   2nd ☐   3rd ☐

얼굴에 두드러기가 났어요.

✎

🎤   1st ☐   2nd ☐   3rd ☐

온몸이 가려워요.

✎

🎤   1st ☐   2nd ☐   3rd ☐

140) 소화기 장애

소화가 안 돼요.

✎

🎤　　　　1st ☐　　　　2nd ☐　　　　3rd ☐

배가 아파요.

✎

🎤　　　　1st ☐　　　　2nd ☐　　　　3rd ☐

설사해요.

✎

🎤　　　　1st ☐　　　　2nd ☐　　　　3rd ☐

토할 것 같아요.

✎

🎤　　　　1st ☐　　　　2nd ☐　　　　3rd ☐

속이 쓰려요.

✎

🎤　　　　1st ☐　　　　2nd ☐　　　　3rd ☐

141) 이비인후과 증상

눈에 다래끼가 났어요.

✏️
_____

🎤　　　1st ☐　　　2nd ☐　　　3rd ☐

치통이 심해요.

✏️
_____

🎤　　　1st ☐　　　2nd ☐　　　3rd ☐

코가 막혔어요.

✏️
_____

🎤　　　1st ☐　　　2nd ☐　　　3rd ☐

건조한 눈을 위한 안약이 필요해요.

✏️
_____

🎤　　　1st ☐　　　2nd ☐　　　3rd ☐

귀에 뭐가 들어간 것 같아요

✏️
_____

🎤　　　1st ☐　　　2nd ☐　　　3rd ☐

142) 두통

전 두통을 늘 달고 다녀요.

✎
_____

🎤　　　1st ☐　　　2nd ☐　　　3rd ☐

머리가 지끈거려요.

✎
_____

🎤　　　1st ☐　　　2nd ☐　　　3rd ☐

어지러워요.

✎
_____

🎤　　　1st ☐　　　2nd ☐　　　3rd ☐

머리가 빙빙 돌아요.

✎
_____

🎤　　　1st ☐　　　2nd ☐　　　3rd ☐

제 두통을 잠재울 약이 필요해요.

✎
_____

🎤　　　1st ☐　　　2nd ☐　　　3rd ☐

143) 사고

교통사고로 목이 다쳤어요.

✏️

🎤 1st ☐ 2nd ☐ 3rd ☐

뺑소니를 신고하러 왔어요.

✏️

🎤 1st ☐ 2nd ☐ 3rd ☐

충격받았어요.

✏️

🎤 1st ☐ 2nd ☐ 3rd ☐

한 시간째 엘리베이터에 갇혀 있어요.

✏️

🎤 ─ 1st ☐ 2nd ☐ 3rd ☐

정전이었어요.

✏️

🎤 1st ☐ 2nd ☐ 3rd ☐

144) 약국

반창고 있나요?

✏️
_____

🎤   1st ☐   2nd ☐   3rd ☐

이 약은 어떻게 복용하나요?

✏️
_____

🎤   1st ☐   2nd ☐   3rd ☐

이거 처방전 필요 없는 건가요?

✏️
_____

🎤   1st ☐   2nd ☐   3rd ☐

부작용은 없나요?

✏️
_____

🎤   1st ☐   2nd ☐   3rd ☐

이 약에 알레르기가 있어요.

✏️
_____

🎤   1st ☐   2nd ☐   3rd ☐

145) 병원

예약 없는 환자도 받나요?

✎ _____

🎤   1st ☐   2nd ☐   3rd ☐

진료 받고 싶어요.

✎ _____

🎤   1st ☐   2nd ☐   3rd ☐

진단서 받을 수 있나요?

✎ _____

🎤   1st ☐   2nd ☐   3rd ☐

입원해야 하나요?

✎ _____

🎤   1st ☐   2nd ☐   3rd ☐

수술해야 하나요?

✎ _____

🎤   1st ☐   2nd ☐   3rd ☐

146) 분실 − 1

제 가방이 없어진 것 같아요.

✏️
....

🎤　　　1st ☐　　　2nd ☐　　　3rd ☐

기차에 여권을 두고 내린 것 같아요.

✏️
....

🎤　　　1st ☐　　　2nd ☐　　　3rd ☐

차표를 잃어버린 것 같아요.

✏️
....

🎤　　　1st ☐　　　2nd ☐　　　3rd ☐

귀중품을 잃어버린 것 같아요.

✏️
....

🎤　　　1st ☐　　　2nd ☐　　　3rd ☐

카드를 잃어버린 것 같아요.

✏️
....

🎤　　　1st ☐　　　2nd ☐　　　3rd ☐

147) 분실 – 2

어디에 놨는지 기억이 안 나요.

✏️

🎤   1st ☐   2nd ☐   3rd ☐

어디서 잃어버렸는지 확실하지가 않아요.

✏️

🎤   1st ☐   2nd ☐   3rd ☐

어디 있는지 모르겠어요.

✏️

🎤   1st ☐   2nd ☐   3rd ☐

같이 찾아주실래요?

✏️

🎤   1st ☐   2nd ☐   3rd ☐

제 카드 정지해주세요.

✏️

🎤   1st ☐   2nd ☐   3rd ☐

148) 도난 – 1

누군가가 제 가방 훔쳐간 거 같아요.

✏️

🎤　　　1st ☐　　　2nd ☐　　　3rd ☐

지갑 도둑맞은 거 같아요.

✏️

🎤　　　1st ☐　　　2nd ☐　　　3rd ☐

카메라 도난당한 거 같아요.

✏️

🎤　　　1st ☐　　　2nd ☐　　　3rd ☐

소매치기 당한 거 같아요.

✏️

🎤　　　1st ☐　　　2nd ☐　　　3rd ☐

누가 제 카메라를 훔쳐간 것 같아요.

✏️

🎤　　　1st ☐　　　2nd ☐　　　3rd ☐

149) 도난 - 2

도난 신고하고 싶어요.

✎ _____

🎤   1st ☐   2nd ☐   3rd ☐

어디서 CCTV 기록을 볼 수 있을까요?

✎ _____

🎤   1st ☐   2nd ☐   3rd ☐

저는 금요일까지 머물러요, 전화주세요.

✎ _____

🎤   1st ☐   2nd ☐   3rd ☐

도난에 대해 손해 배상 청구를 하고 싶어요.

✎ _____

🎤   1st ☐   2nd ☐   3rd ☐

경찰 불러주세요.

✎ _____

🎤   1st ☐   2nd ☐   3rd ☐

150) 경찰서

한국어 하는 사람이 필요해요.

✎
🎤   1st ☐   2nd ☐   3rd ☐

길을 잃었어요. 도와주세요.

✎
🎤   1st ☐   2nd ☐   3rd ☐

도난 증명서 발급해주시겠어요?

✎
🎤   1st ☐   2nd ☐   3rd ☐

분실물 신고서를 작성하고 싶어요.

✎
🎤   1st ☐   2nd ☐   3rd ☐

대사관에 연락 부탁드립니다.

✎
🎤   1st ☐   2nd ☐   3rd ☐

MEMO